AF607391

editorial
Ya lo dijo Casimiro Parker

colección
Un pájaro de niebla

Voy a contarles mi vida

ANTOLOGÍA POÉTICA

Antonio Hernández

Esta antología recorre la trayectoria poética de Antonio Hernández, una de las voces imprescindibles de la literatura contemporánea.

Voy a contarles mi vida propone un recorrido por su obra y muestra la coherencia de una poética que ha sabido tender puentes entre la emoción y el pensamiento, entre la memoria íntima y el compromiso colectivo.

Su poesía transfigura la materia cotidiana, la eleva desde la raíz andaluza y la atraviesa con una voz que combina lirismo, precisión formal y una mirada crítica, siempre atenta a la dignidad humana.

Hay una geografía interior donde el asombro se posa sobre lo concreto, y desde ahí brotan raíces capaces de sostener tanto lo visible como lo invisible.

Este libro forma parte de la huella que nos dejó.

Voy** a contarles **mi vida

ANTOLOGÍA POÉTICA

Antonio Hernández

V

1

No fue un día cualquiera. Apareciste
con el cielo en los ojos. Por afuera
era invierno a paloma. Mensajera
el amor de repente me trajiste.

Yo te dije te quiero. Estabas triste
y apareció en tu boca la primera
sonrisa de la vida. Aunque no fuera
a mí me pareció que consentiste.

Nos quedamos de pronto, fijos, como
las estrellas del cielo y las del río:
mirándonos los dos de parte a parte.

Te llamabas tristeza. Pero tomo
otros nombres: Mi vida o Amor mío.
Después de todo puedo bautizarte.

2

Y nos vimos de pronto como si
todo fuera ya nuestro y conocido.
Como si de tu pecho mi latido
partiera y tu latido desde mí.

Nos quedamos pensando porque a ti
te subía hacia el rostro un sol huido.
Que en el mío quedaba como herido
un rastro amapolado de alhelí.

Porque alzamos los ojos fuimos luego
apagándonos lentos aquel fuego
hasta quedar unidos, mudos, tiernos.

Ya estaba preparado desde un día
lejano todo aquello, y no entendía
qué hacíamos los dos antes de vernos.

3

Antes de vernos nada existiría.
Ni la plaza —sin citas—... ni los píos
—sin los tres de tu nombre—... ni los ríos,
porque sin nuestro amor nada corría.

Tuvo que ser cuando sin geografía
partieron tus deseos y los míos.
Cuando tornaron cántaros vacíos
en mares procesiones de alegría.

Una mañana comenzó la nieve,
otra mañana más suave, leve
fue creada la luz y, por la tarde,

cuando tú me llegaste a la ternura,
apareció el amor con tu estatura.
Quise volverme pero ya era tarde.

4

Y desde entonces vamos como van
los niños a la escuela o al altar
el novio: asido del amor. El mar
es una tarde con campanas. Tam-

bién es un camino hermoso que han
de recorrer los ojos por pisar
ese instante. Habrá una paz, un cantar
suave, un adiós en las manos. Irán

lentamente y hacia otras primaveras
dos almas que quisieron ser riberas
por llevar cualquier río hacia la luz.

Sin que nadie se entere, sin que nada
lo sepa, cruzaremos la alambrada
cogidos de la mano, Mari Luz.

El mar es una tarde con campanas, 1965

TIEMPO DE SOLEDAD (2)

Nací en el mes de enero cuando el aire
era un cesto de agua en San Fernando.
En el mes en que todas las salinas
primera comunión hacen de blanco.
Los temblorosos grises indecisos
dieron color a mi tristeza. Y canto
no por ellos perdidos, por sus sombras,
por su mundo interior desfigurado.
Pensar era ponerse el desatino
en punto, sombra en el desaliento. Y cabizbajo
iba hurgando en los aires, guerrillero,
niño infeliz, impúber hombre acaso.
Yo no quise que todo aquello fuera
fugaz, como la estela de los barcos,
y para que quedara en mí la vida
la miré con los ojos del sufragio,
con los ojos roedores del que tiene
dentro del corazón un gran retrato
de la pena: los hombres de mi tierra
sufren y aún no quieren confesarlo,
gimen y lo enmascaran con un cante,
en la sonrisa se les nota el látigo.
Nací en el mes de enero. Yo diría
que en tierra firme. Pero como un náufrago.

Oveja negra, 1969

DÍA DE DIFUNTOS

Coincidía con
el santo de mi madre.
                                        En aquel día,
de tan jóvenes que éramos, dichosos
íbamos a los campos
a cazar con la liria.
Reclamos, pucheretes, alpistes
y baretas,
peroles del arroz y una planeada
felicidad llevábamos unidos
porque la muerte no era de nosotros,
aún no había tocado su túnica
en nuestra casa ni en los corazones,
mientras que al Campo Santo iban los lutos,
gentes pobres y ricas, pastores, hacendados, recoveros,
muchachas campesinas que ya no volverían
hasta Semana Santa
o Nochebuena.
                              (Veo,
como por un cristal humedecido,
a mi padre corriendo
entre la jara, a mi madre guisando,
a mis hermanos rubios
contra el sol y una mancha
negra que borra el gozo).

Ahora
es Día de Difuntos
en nuestra casa rota, disgregada,
al retortero ya como la angustia
y, distante, no puedo
dejar sobre los nichos
de mi padre y mi hermano,
más que este ahogo duro,
más que esta luz del eco,
más que la seca lágrima
del tiempo recorrido desde entonces a hoy.

Mari Luz,
tú que me ayudas,
tú que comprendes y apoyas
mis luchas solidarias, mis temores,
mis esperanzas y mis desconciertos,
tú que por mí dejaste
lo que no era dolor,
abrázame muy fuerte en este día
para que el tiempo vuelva entre tus brazos.

Donde da la luz, 1978

ATARDECER EN CÁDIZ

Y como el recuerdo, a veces, hace bien,
yo te llevo hasta él, vuelvo
a volcarlo en ti.
                    Estábamos
aquellos días soñando en Cádiz
nuestra boda, nuestra unión, la más bella
historia del mundo. Acodados
y frente a la luz final del día
comenzaste a cantar.
                                        Caracolas, niños
de Cádiz sorprendidos, pescadores
con un mundo a cuestas, de tus labios partieron
haciéndome feliz.
                    Alrededor la tarde
se perdía de vista, nos dejaba
con el silencio natural
de nuestra turbación, andaba
por la bahía muy leve,
de puntillas para no despertarnos,
como gozosa por nuestro amor.
                                                Había
que darle gracias a Dios, gracias
a las aguas, gracias
a los mariscadores que silbaron
uno de nuestros besos, a San Fernando;
a Rota por mirar con disimulo.

Abiertamente,
y como un viento,
nos fue entrando el mar. Dijiste
que el mar...
Por ti
nada estaba tan lejos, tan imposible
como otras veces. Pensé
que ya no me servía el miedo de perderte
y lo tiré a las aguas. Pensé otra vez
y se me cayó al agua el pecho.
Iba entre brisas y con tu cante —Alegría
de Cádiz— vencido, hecho espumas,
incapaz de mirar cuando, de pronto,
se fue poniendo roja el agua, roja
toda la bahía, como
si tus labios hubiesen repartido
entre las olas el cantar.

Donde da la luz, 1978

21

Cuando la vida se me desnivele
y se escore a la muerte,
cuando el calor me vaya abandonando
y no sienta del sol más que la hora,
cuando el silencio sea el anticipo
de la mudez completa,
no cierres las ventanas, que penetre
la claridad del día en que nacimos
a esta horma de amor que legitima
la belleza del mundo.
                                        Que nuestros hijos
no pierdan el fulgor de las macetas,
ni el reguero del pájaro o la nube,
todo eso que entrega, aunque se vaya,
su beso momentáneo y duradero.
Ponte a regar las plantas,
su universo, o alíate a la noria
inacabable
del jazmín, mírame con la belleza
de quien se dio a la primavera un día.
Cuando la vida se me desnivele
no andes de puntillas por tu alma,
ni te pongas un traje envejecido,
sino la flor del mundo que hemos hecho
a fuerza de besarnos, en el pelo.
No sé qué pasará
cuando eso ocurra como una llovizna,

qué rostro de mantel se me habrá puesto
céreo como la luz del jaramago,
qué le espera a la tierra si me invita
desprevenida,
                              ¡con lo que yo soy!
Ponte a barrer la casa, trae flores,
el delantal que no sienta vergüenza.
Si está sucio, cumplió con su deber.
Y mira, mira el día como un fruto
suspendido del tiempo,
que yo estaré atareado en lo de siempre:
un poema y sus comas, el estallido
de cal de mi pueblo, los corazones
que invadieron mi pecho al conocerte...
Hay gentes que coinciden en decir
que el amor se rebela en la ceniza
y forma un cuerpo que traspasa el frío,
que a la muerte la burlan los amantes.
No andes de puntillas por tu alma
y ponte un traje vivo, los zarcillos
largos, amor.
                              Mira ese día,
suspendido del tiempo, como un árbol
en el que siempre temblará mi trino.

Homo loquens, 1981

ALMA MATER

No sé cómo nos las arreglamos
los andaluces. Nuestro sino es perder
para seguir vibrando. Nuestra historia, un alud
de distinciones rotas. Nuestra mercadería
una versión inútil y poblada
del silencio inmortal. Ofrecer, ir pagando
las deudas de los hombres con un cante,
mirar la tierra y darle corazón,
ejercer de semilla, no de trigo.
                                                            No sé
cómo,
pero quizá los pueblos han errado
al no dejar maltrechas sus victorias
como hacemos nosotros:
para irnos curando la alegría
que, a veces, no es fulgor, sí podredumbre.
O no han sabido aligerarse a tiempo
de un inventario de innecesidades
como la plaga sobre el arrabal.
                                                            No sé
cómo,
pero siempre hemos sido
el leñador que se abraza a los árboles,
el cazador que llora por su víctima,
lo que se apaga para florecer.
Porque, tal vez, estemos confundidos
y mendigo llamemos al ladrón,

pobrecito al patrón, como en la copla.
O acaso hayamos visto como nadie
la transitoriedad del hombre en el abismo,
su pobre catalejo, su impostura de ser
para lo que no muere.
                                        No sé cómo,
pero mueve su cola la hermosura en el llanto.

Indumentaria, 1986

CÓRDOBA

A veces cuando voy por las calles
de Córdoba, distraídamente
meto la mano en el bolsillo
para sacar la llave
de mi casa de Damasco.
Nizar Qabbani

Soy menos afortunado
que Nizar Qabbani,
perdedor de tres guerras.

Cuando pienso en Damasco,
meto la mano en el bolsillo
para sacar la llave
de la casa de Córdoba
en que quise vivir.

Mas nunca vi Damasco
y la llave que tengo
únicamente abre el desconsuelo.

Indumentaria, 1986

GRAN REY DE ANDALUCÍA

A Luis de Góngora

Qué somos, dinos,
tú que regaste la tierra
que nos elevó en hechura:
nuestro cuerpo y su ave.
Qué somos sino el deseo
de orillarnos en ti.

De parte a parte
recorres nuestra tierra.
Y nuestra ausencia,
rey de las lágrimas.

Indumentaria, 1986

CONTRAMILAGRO

A Paco Izquierdo

Yo vine desde el sur una mañana. Ausente
de mí, vine y dejé el caserío blanco
rodando en la memoria que el río traspasaba,
mi novia que tenía ojos tristes sin cuerpo,
la tarde haciendo incendio recordado el crepúsculo.
Flores lució la luz desde el primer instante,
pues nacimos frotados por estrellas. (De pueblo
minúsculas señales eran y luz del río
o por las noches frescas del verano nos daban
noticias del secreto universal, cantando
con los grillos y acequias).
Yo dejé aquel abismo
conocido y sin trampa y me infiltré en el vértigo
de lo imantado apenas: la gran ciudad veloz,
sin alas de caricia.
Y me ocurre en el pulso
que, cuando con su aroma, la primavera tiende
a volver lo perdido, obro en gesto de adiós
en lo que no es mi cuna, desaparezco en vilo
como sombra de agua, vuelvo inerme hacia el sur
de verdes compañías.
Yo vine desde el mar
y mi expresión lo sabe, lo delata en su gesto
mi reserva de alondras, de nubes reposteras,
de árboles mostrando la elección de una patria.

Pues es sabido, y clama, que el hombre que no muere
donde nació no crece, no canta en otra vida,
no juega con el barro al pie de los arroyos,
continuado Adán.
                    Yo vine desde el sur
a dividir mis panes y mis peces, un día.

Indumentaria, 1986

CIUDAD DE LA FE

A Andrés Caparrós

Horda de luz la fe se posa por tu nombre.
El nombre del amor quiere decir creer.
Y en tu medina crece un rumor que Dios canta.
He estado en el Palacio Andalusí y he visto
mi corazón volar sobre una alfombra de humo.
(¿Quién como yo volaba por el siglo XIV?).
He visto el alma del metal temblando
en un taller de orfebrería fina.
A Al-Mutamid busqué por la Madraza
y su luna entreví como de alma un sollozo.
Supe que basta a Dios que un día yo lo acepte
para que me perdone todo lo que no he hecho.
Basta creer, por tanto, y así marcha su río
dando siempre en la luz como un ciego que llora,
pues llorar es crecer si en niña da la pena
y no hay como llorar para estrenar el mundo.
Basta creer por tanto y yo he visto en tus calles
con la iluminación de la última herida
que las cosas que pasan otra vez comparecen
cuando fueron miradas para que se sintieran.
¿Si no de qué ese hombre vendiendo su paciencia,
un pescado, un zapato, dos jarras, diez puntillas?
¿O ese niño sentado con su abuela ofreciendo
su claridad, más que un vaso de té?

Tocar no es necesario. Sí obligado tu sueño
para creer que existe otro mundo en el mío.

Campo lunario, 1988

POÉTICA

Sea la rosa su ascensión de mayo,
su anunciación de orígenes, su aurora,
su corazón de labios superpuestos.
De medida le sirva a la estación,
de espejo a la sorpresa inmaculada,
de cáliz y extravío, a los amantes.
Que en el temblor de su delicadeza
nos enseñe a probar cómo lo breve
tasa la luz quimérica del mundo.

Campo lunario, 1988

UN BARCO ZARPA

Un barco va saliendo de su muelle
impregnado. Amanece en el puerto
y un alud de gaviotas
nombra la vida, su corazón subraya.
                                        Parte
el último espectro de la noche
y su humo es el aura del repliegue
de las sombras.
                    Se oyen
voces inconexas,
órdenes, y el son de una campana
suma su luz al mundo.
Los tripulantes
son espíritus,
más espíritus que hombres,
y desde la borda agitan sus manos
sin la pasión que el mismo gesto abarca
al arribar.
               Es el adiós y el miedo escribe
en el aire su trago salino y se pregunta
con inquietud de péndulo
de qué lado caerá la suerte, mientras la claridad rebrota
más dueña cada vez del horizonte
y solo el barco sigue perteneciendo a la niebla
porque se expresa como un suspiro,
replegándose en sí a medida que avanza,

haciéndose más bruno y tiritando
en el agua que es enemiga y compañera,
imprevisible cauce turbado por la luna,
por el sol, por los vientos que las mareas rigen
insobornables,
continuos inductores que perdieron sus famas
míticas, sus nombres de dioses, pero acechan
con su ayuda o su látigo y proclaman del hombre
su precaria razón
de eternidad.
Tú, madero, esperanza, clavo
ardiendo, eres como el barco a la noche,
un prodigio, una mota en lo azul, garabato
de humo, como el hombre, que te crea,
en la ciudad y sus pactos,
en el gran zoco abierto, amanecido,
apalabrado por dioses, una tensión anónima
y una ansiedad inútil que se irá relevando
en otro corazón, en otro corazón,
en el humo perdido de un barco perdido.

Campo lunario, 1988

RAÍCES

Nada de lo que muere deja olvido
sino raíces. Semilla es la ceniza
y haber sembrado un limonero tiene
una mano sellada por la brisa.
Comulgo que canté y dejé vestido
el aire de mi infancia. Melodía
de oro era la tarde y no respondo
sino del corazón que aún tengo encinta.
Por tanto, somos uno en lo diverso,
somos pedazos de una sola dicha
y de un solo dolor, magma del cielo
y del infierno, repullón de caricia.

Nada de lo que muere deja olvido.
Esta es la buena nueva mía antigua.

Campo lunario, 1988

CAMPOS DE ESTRELLAS

Somos de olvido claro,
pues el olvido tiene como un mapa
sus colores.
                    Somos
sangre de alguna sangre
que navega en nosotros
de gente miradora.
                              Sostenemos
un melisma común y una desidia,
y buenos andaluces vigilamos
con una vela el mundo
en una choza todo.
Ciencia que tiene forma de pasión
hoy nos convoca
y ensayamos los primos comarcales
un relato sin precio
alrededor de un mito, en la noche colgada
de luces guiñadoras.
Dicen que se llamaban los cortijos
La Rosa, Sombra Altiva,
El Peñón Amarillo y La Cruz de la Legua.
Que caparon el mundo los abuelos,
casaron la floresta y eran reyes de todos
los potros melodiosos y el jardín mareante.
Que llegaban los carros de la uva
como mosquitos a los caseríos
y que nuestra razón en el contorno

era fama hasta un punto de leyenda,
pues tierra no existía que, nuestra, no ayuntara en horizonte.
Primos de este deber,
nos hemos reunido para alzar
la copa y nuestros sueños de pasado
hasta llorar de gozo,
hasta llorar de alivio.
Y vencedores como la albahaca
en la noche,
ebrios de amor, aroma de aquel cuento,
sin ponernos de acuerdo hemos sabido
que siguen siendo nuestros estos campos de estrellas.

Campo lunario, 1988

LENGUA DE SEFARAD

A Soledad y Miguel Ángel Molinero

Ya Sefarad se nutre del recuerdo.
Tantos años vencidos para una primavera
que no tendrá sus frutos sino bien en la luz
de las lágrimas, que es un fruto tardío.
Ya suena el trino del jilguero andaluz
con la impotencia del pecho que se ahoga,
cabrillea la sangre por su rumbo
de eternas vueltas hasta la desventura,
pues errar es un orden y un mandato.
En la frescura de los niños,
taimada está la luz. Y las muchachas muerden
el beso, se atropellan las bocas.
                                                            Si acarician,
los dedos corren a Sevilla o Cádiz,
a Zaragoza, a Córdoba, a Granada,
aman dispersas
entre el sol y la sombra antagonistas
de ser jóvenes dulces y arrastrar su destino.
Los sabios, los ancianos, contaron que Toledo
no los traicionaría
y que andar por sus calles ya conllevaba el dios
que es volver a la tierra
prometida de ayer, que es muy cierto que hay oro
de mercaderes que no basta
si por un cielo fijo que mirar

pujaron: más repleta la mirada
que la bolsa, más infinito el ojo
que la nariz de rara catadura
y más apasionada por su oficio de colores y nubes
la retina encendida
que en la atención al plazo de los préstamos.

Oh, patria sin fin de los astrónomos,
de los poetas, de los traductores,
de los médicos, los músicos.
Oh, duro Israel de más duro dios
a sus hijos probando
incluso con la luz de Sefarad,
la tierra que les puso por la boca
leche y miel ofrecidas para después negárselas,
dejarles por los labios para siempre
tan solo los suspiros con que dicen quererla,
con los que nombran por las noches claras
del destierro y la luna
su estrella preferida sobre un punto ideal
de nuestra geografía,
con los que escriben de amor al tiempo que ha gemido,
de amor a la memoria que otros llaman España.

Lente de agua, 1990

NO VERÁN MÁS EL SUR

Si en restañar la herida
se emplea una existencia,
la herida se proclama en fuego y aire,
en flor y transparencia de unos días quebrados.
No han de ganar la honda luz del tiempo
sino los hombres que poblaron sombras
hasta transfigurarlas: una calle del aire
por el que siempre ya transitaría
con cristales y pétalos,
ley de aquel que ha nacido para amar
y en el amor se daña.
                                        La camisa impecable,
nudo europeo como una flor adversa
en la garganta donde se reúnen
todas las desazones de un clavel
invertido
             y la docta cachimba
en la que se resume una existencia:
humo, materia consumida por el fuego
de la pasión.
                                  Aquellos pasos que al salir de España
nunca se detendrían sino para aliviarse
en el recuerdo del dolor, cantaron
como el flamenco canta su manantial de heridas,
fueron estigmas de los españoles.
Tierra, tierra nuestra que en polvo de ternura

reconstruye una eterna ingratitud
con sus mejores hijos, materia peregrina
que trasciende en espíritu
merced a una mirada juvenil, colofón de los ojos,
cuando Sevilla a mayo distinguía,
dios de los meses. Y claridad,
la claridad sin rumbo de los poetas macerados.
El monte que intercambia sus entrañas preciosas
por piedras de palabras caminantes,
el río que ha tornado su caudal
en lágrimas de exilio y primogenitura,
la calle de más aire que el de su nombre alzado,
los jardines errantes entre las estaciones,
visiones son de la realidad
y visiones del sueño,
se revuelven gloriosas contra la desventura
y así la vida es muerte entusiasmada,
gruta que se ilumina entre despojos,
sombra con luz, como el amor prohibido.
Ah, tierra, España dura,
madre del contraluz, madre de los contrastes,
de los tambores y las flautas dulces,
pero en jarras dispuesta, a barlovento
de la paz, de los abrazos,
las solidaridades,
reconquistando siempre con armas a los tuyos,

siempre expulsando a hierro,
negándoles sus frutos, tus poderes,
ay de ti, España, llora,
los ojos lentos de Cernuda
no verán más el sur de ligeros paisajes.

Lente de agua, 1990

24

Por poco observador que el hombre sea
sabe que alienta de su lejanía.
Ve al pájaro cantar su desconsuelo
y deduce del pájaro que, un día,
a él le ocurrió igual, pues cantó el hombre
una ausencia que canta todavía
en las ramas. Por poco observador,
concluye el hombre en que si hubo herida
hubo arma primero y luego vendas,
que está la cicatriz y que le trina
con el granizo, como si en el tiempo
nada hubiera cambiado, que la fría
nevada reconoce aún su sangre
de ayer si así se asedia, y fertiliza.

Por poco observador que el hombre sea
sabe que vuelve al punto de partida.

Sagrada forma, 1994

25

Ahora que ya no ofrezco a su seno la rosa
que la niñez entrega, ni la gracia me fluye
como de un arriate el color y el aroma,
ahora, cuando soy como un cero a la izquierda
de la pureza, ahora
que no tengo ya lengua sino para cantar
ahogado cuanto un día me dejé entre sus cosas,
a un paso de la muerte y un paso de la vida,
en medio de la tumba y de la luz, es gloria
pensar que me arrodillo en mi río y con agua
bendita me persigno, me confieso de toda
ausencia y, perdonado, tomo la luz, los aires,
el sol, la brisa, el mar de allí, como quien toma
en un domingo claro que es orilla de un dios
la eternidad de un día de la sagrada forma.

Sagrada forma, 1994

V

Él tenía un clamor como los corazones,
como las caracolas y como las campanas.
El gesto suspensivo que en el mar
se hace playa, memoria y enigma,
lo que no está previsto sino que se aparece
como el sol, de repente, entre las nubes,
esa luz que es espíritu y proclama en los ojos
la voz de la inocencia
y es porque la inocencia gatea como un niño
pero crece, abriga, y alumbra como el fuego
en la caverna cuando aprieta
de noche el frío. Carecía
de avaricia como cuando se ama
un paisaje por su hermosura
más que por ser su dueño
o se sabe que el día más absurdo de todos
es el que solo cuenta su existencia por horas.
Mirar no se podía sin llenarse de gracia
ni había una sonrisa que no lo señalase
igual que al campesino
su barrunto de lluvia necesaria.
Sabía sin que nadie se lo hubiera enseñado
que trepar tiene espinas, supone un precipicio
y por eso era honra en su comedimiento.
Podía navegar con su silencio por mares de elocuencia
y deducía cómo en primavera la hoja
quiere explicarse en flor:

si existen tantos seres inferiores
al humano en la tierra, obligado es que existan
otros muy superiores en el vasto universo.
Era creyente por saberse ínfimo
y en esa pequeñez sentía el sol, la luna y las estrellas
rotándole en la sangre, innumerables glóbulos,
leucocitos, basófilos... microcosmos del cielo.
Amaba las montañas y los ríos porque aspiran a almas
y sabía ponerse de rodillas nada más que ante Dios y la belleza.
Y te habitaba a ti, en ti como una fuente
que manara alegría en vez de agua,
en ti se paseaba como el sol y la brisa,
igual que en la sequía la nube está latente,
como en las rogativas la esperanza se espesa.
¿Qué diré que no amague lo que yo lo quería?
Aún es sal el recuerdo a pesar de los años
transcurridos, ¿cuarenta, todo el tiempo existente?
Las hojas se han caído y no es otoño.
Hay un dolor de astilla, el sueño
se despabila al señalar su nicho
diciendo que en él duerme
y es lo mismo que un loco que estuviese gritando
que está loco sin noche y sin cruz y sin luna.
¿Cuántas flores que mueren no vuelven a nacer...?
Cuántas, menos la suya que murió aquel febrero
y ahora son sus amigos, pasado medio siglo,
mucho tiempo después, los que la resucitan,

los que me lo acompañan por la muerte
como cuando muchacho por la vida.
Ahora jóvenes, viejos, espectrales,
retazos de la aurora, jirones del crepúsculo.
Cuando el futuro ha muerto, se ha cumplido,
cuando el futuro ha sido ayer de hoy mellado.
Me lo han dicho muy dentro, en las entrañas,
cómo se reunieron su novia y las mujeres
de sus amigos muertos, vieron
la alegría en las fotos que acabaron en lágrimas,
y que nadie sabía en qué habían pecado,
que por qué aquel castigo, que quién tuvo la culpa,
que por qué era la muerte un cáliz de amargura,
que quién dio al desvarío autoridad sagrada,
se hizo incredulidad cuando luz era y puente,
por qué la juventud o la naturaleza
decidió serse infiel tan de repente y pronto,
cómo a un paso de aquello, que fue la eternidad
virtual, se mutiló la risa,
saltaron una a una las arras de la boda,
explotaron las lámparas, se apagaron las velas,
volaron los anillos, se evaporó el incienso,
y se lo preguntaron tan perplejas, tan rotas,
tan sin explicación, que comenzó a llorar
el coro de velantes en que se había tornado
de buenas a primeras como una gota cae y cae todo el cielo
en la Semana Santa y se recoge el santo a la carrera

y ya no hay procesión sino lamentos,
la triste sensación de haber perdido
las prendas a estrenar y la cosecha,
como cuando en la feria se va la luz, se apaga
el alumbrado y es la noche
un agujero de estupor.
Lo sentiría así, letárgico, irreal
como un sueño poblado de novia con su traje
blanco ya para siempre viudo, impoluto,
si no comparecieran real en esta herida
recalcitrante, abierta, que me baja la cara,
me baja las mejillas, se convierte en memoria,
va y viene en el costado como una mano cierta,
ah, aunque impere la muerte, madrastra,
maestra de las grandes pesadillas
en el trascoro de San Pedro, o en el osario de San Agustín,
en esta noche oscura que brilla en lo que apaga
—nunca aprendí a nadar y es tan grande este océano,
tan grande la tormenta, tan chico mi ataúd,
tan inmenso este luto que me aprisiona el brazo
por la manga del traje— ayúdame,
sé alba ahora en el naufragio, abre todos los bares,
los billares, los cines, aquel campo de fútbol,
ciudad, remángate en el tiempo, que sean otra vez
los muchachos de entonces reinando en sus sonrisas
como una ola canta su música de luz
balanceante, como una ola que balanceara

la luna del espejo en las fotografías
que ayer vieron su novia y sus amigas con crespones
tan cerca de la gloria, sin detentes ni estampas
punitivas, y sin reformadores,
encendidos, rampantes, San Miguel, tan severo,
San Dionisio, el temible, tocado
con su tricornio rojo de regidor... Por qué
no, por qué no si podemos chisparnos
con vino de la tierra como en los cuentos viejos
y como en las zambombas, dime que van a ser
otra vez como fueron, que van a reunirse
todos en cuerpo y alma, en alma de sus fiestas,
de su entusiasmo, de su fe, su sueño;
en cuerpo para amarse, restituir su sino;
qué fe más redentora de mi incredulidad
si los recuperara de esa forma, jóvenes, rutilantes,
solo por un minuto, por un segundo, ese
en que la eternidad fotografía,
detiene el paso,
se paraliza el tiempo.
                                        Pero no llega
a la estrella la súplica
del hombre, no llega su desamparo
como no llega tampoco el suspiro ni el grito
porque él duerme con un sueño de piedra,
de granito, y la piedra solo conversa con los epitafios:

noche, sombra, silencio, soledad.
Solo conversa con los epitafios,
único patrimonio de los muertos.

Habitación en Arcos, 1997

Sorteando la punta de la ola, esa
avanzada de espuma que promete el placer
pero que, fría, achanta,
avanzo con el miedo en los talones
de bañista indeciso al que sorprende su osadía,
acechado por rocas y por piedras rodantes,
por la aprehensión
de que el fondo del mar está habitado
por gigantes y locos que pueden seccionarnos de repente
una pierna o un brazo, el miembro del litigio,
y cuando pasa la ola como pasa la fuerza
que lo alzó, o que lo hundió para dejarlo luego en la resaca,
experimenta un gozo de niño que ha engañado
a la naturaleza, le ha quitado una flor
y siente un vivo alivio igual que si ya hubiera
vadeado un gran río pero con la amenaza
de que me acecha otro, y otro más, cada vez más profundo,
o que en efecto la ola ya es de una fuerza madre,
crucial, dominadora,
muy capaz de tumbarme por la arena y las piedras,
enemiga del gozo que antes partera fue de la dulzura,
cuando todo eso ocurre, cuando a la par sucede,
así vamos tú y yo entre olas pugnaces,
las que ofrecen sus crestas o imponen sus quebrantos
y proyectan del fondo ortigas, corchos, algas
o manchas de petróleo y de aceite, detritus y maderas,
peces vivos y muertos,

y nada ha de pararnos, nada, ni la galerna
ni la prudencia, puesto
que el sol hube elegido y avanzo hacia esa cumbre
del mar que debe
ser su centro, a brazadas, nadando por la vida,
en medio de las aguas, con solo el cielo inmenso
por encima de mí, con el abismo abajo,
yo y el que nunca quiere caso hacerme
o ese al que nunca le hago caso yo,
mi doble que me incita cuando yo me detengo,
el que se para en seco cuando yo me adelanto,
quien mira los crepúsculos con heredad de dioses
y exhibe los cubiertos del pobre, no la espada
del soldado, la huella, no las botas,
el que airea el mantel, no una bandera,
y el otro, el que es más frío, el que suma los números,
el que cuenta el dinero, ordena los papeles voraces del fulgor,
cree en el enemigo y lo alimenta,
con todo el cielo encima, con el abismo abajo,
la ambición y el pudor, la vida veleidosa y la más recogida,
yo y mi espejo de sombras tutelares,
él y mi espejo transparente de nieblas
como el copazo duro, como la palomita de aguardiente,
tan turbia y luminosa, bondadoso y feroz,
atado libremente, a merced de la mar, encima
de la ola, debajo de la ola,
ganador, perdedor, en la cima y la sima,

hasta que al fin la muerte nos acoja,
hasta que al fin la muerte nos ampare,
hasta que el mar me devuelva a la tierra
para siempre y explote sin sentido
esta guerra del tiempo,
en costumbre de Nada la pasión de los días.

El mundo entero, 2000

Tan solo el corazón abarca más que el ojo.
Todo parece estar perdido
si se oculta la luna, pero la luna es más
de nuestro sentimiento que de nuestra mirada.
Lo que murió vive por la memoria.
¿No seré en las estrellas de acuerdo con mi ansia
de eternidad, esa luz de mi pecho?
Si no es mentira que la luz nos llegue
de las estrellas muertas recorriendo el espacio,
¿puede serlo pensar que a idéntica distancia
nos vean a nosotros vivos y estemos muertos?
El corazón intuye lo que la ciencia encuentra
con el tiempo, más tarde:
que todo es relativo y no hay más certidumbre
que la que otorga el sueño:
inaugurar el mundo que sufrimos
y hacer que los arcanos del cielo se barajen
en nuestros corazones.
Quien habla a las estrellas tiene alas
y el cielo prometido de muchos andaluces
es bastante oriental: buen jamón, mejor vino
y el retorno al misterio en unos ojos negros.
La transparencia, Dios, fe en el enigma
o esa distribución genial de luz y sombra.
(Iba a decir, profanador de esencias,

la transparencia, Dios, salvo en el caldo,
mas Juan Ramón no me perdonaría).
Hacer de tripas corazón, gozar.
Tal si el infierno no hubiera existido.

El mundo entero, 2000

Ahora, como ayer, sale la música de un merendero:
mirando el mar soñé que estabas junto a mí,
amor, filosofía del corazón cejijunto,
juez y parte, testigo del fin y del origen
del mundo con los ojos vendados, terraplén.
Y juventud: locura, embriaguez, ventolera.
Cuando se ama resucita el hombre
pero jamás los sabios quisieron retornar
al tiempo en que se sabe nada más que se siente.
¿Qué es, amor o placer? ¿Es vino o borrachera?
Ah, juventud distinta de cabeza y de rostro.
¿Qué sería sin Shakespeare de Romeo?
La tristeza, esa luz encendida
que encuentra la memoria y joya la hace,
cofre para la vista,
tema del arte que alba su negrura,
así en la playa como en el sueño.
Pero hoy te veo sin ayer
pasar cogidos de la mano
y se abre una distancia corrosiva
entre el labio y la copa.
Y nazco, porque quisiera morir
como cuando era joven.

El mundo entero, 2000

¿Sin ira, sin pasión? Veo el gran espectáculo.
Gracias doy a la nada por sus ilusionismos,
por su manera de fantasear vistiéndose de cosas,
disfrazándose de ellas.
Pero le recrimino
su sevicia sin causa porque nos da a probar
el amor, por ejemplo, y lo convierte en odio;
el vino, por ejemplo, y lo torna en vinagre;
la vida, por ejemplo, y la traduce en muerte.
Gracias de corazón porque casi consigue
que sea el corazón lo que su nombre indica,
el enjambre de un beso. O gracias por hacerme
creer que la belleza fue real un momento
como inocente mi alma. Gracias
por creer que la tuve y por ella entendí
que no hay espejo como los amigos,
los cuales suelen verse en la mili, en la cárcel
y en las lecturas de poemas como
me dijo un examigo, pues no asistió a una mía.
Gracias por la aventura que le puso colores a la máscara
y medallas al traje de payaso. Gracias por la impostura
si se llena de flores, por su aroma de cuento.

10 grados, 4.00 horas. Mesón el Riojano.
Año internacional contra el racismo...
Y contra la estridencia.

Gracias por el silencio, pues repudio
todo escándalo, excepto
la luz de las campanas, flor del ruido.
Y, en fin, por esta playa
desconcertante y bella,
contradictoria, solitaria
en estas horas, proclamando
que no se puede nada contra el mar,
única criatura que comprende a la noche.

El mundo entero, 2000

SENECTUD

La vida castiga siempre, pero se sufre más
si no podemos defendernos. Y es la arruga
la herida que se hunde en la vejez como un estigma.
Llegado el fin, el cuerpo se ha ido haciendo
de nostalgias, de ausencias, y el corazón
tiene más añoranza que sangre, bombea
más recuerdos que latidos.
Solo queda ir muriendo
con dignidad, sin memoria.
Pues vive entre los muertos quien de recuerdos vive.

A palo seco, 2007

CUARENTA Y TRES ANIVERSARIO

De qué me serviría creer que el pantalón
está largo o está corto,
de moda o anticuada la corbata,
los zapatos estrechos o anchos
si no voy a ponérmelos,
si el único traje que siempre vestiré
en la memoria es aquel que tenía luto en la manga,
un luto de muchacho castigado, de persona
que ha perdido a su hermano y quiere
que lo tengan presente aunque sea de dolor
la presencia... De qué me servirían esas ropas
si no podemos reírnos, ni puedes preguntarme
qué ha sido de este mundo
desde que te marchaste, si ha cambiado
la ciencia a la vida derrotando a la muerte,
eso que solo tú y los muertos tempranos
habéis conseguido. Porque nunca
se te arrugará la piel,
ni se te pondrá blanco el pelo,
ni te temblarán las manos,
ni dejarán de brillarte los ojos,
ni te estará estrecho el traje,
y porque ya se sabe que aquel
al que aman los dioses se muere joven
y que el que llega a viejo los dioses lo degradan
sin piedad y es como el ciego

que acompaña a su ciega
esperando caer, tropezar, deshacerse.

A los 25 años sorprendido te fuiste
de un lugar que no era el corazón
que ahora se me sale dando tumbos
de la camisa, del traje, de cualquier traje,
como si al recordarte, otra vez
se hubieran ido los pájaros,
no se hubieran quedado cantando.

A palo seco, 2007

A PALO SECO

Bebe, bebe conmigo.
Ya sé que aguantas más,
que eres invencible,
bebe hasta destrozarme,
pero quizá consiga
en este mano a mano
que aprendas de los hombres
que sin piedad creaste,
sufras por una vez
al sabor de la pena,
lo bello y lo terrible
de tus experimentos.

Bebe y paga la cuenta.

A palo seco, 2007

NOTICIAS DEL DÍA

Se despeña un autobús en la India.
Cincuenta muertos. Se salva el conductor.
Israel arrasa el sur del Líbano:
mueren cien niños que estaban saliendo
del hambre. Hizbulá contraataca
con sus katiushas. Tampoco Abraham
se libra de la furia de Yahvé.
El sida gana por KO en África
y la malaria en Sudamérica.
El presidente Bush hace filosofía
en su discurso al pueblo yanqui.
Sigue la vida. ¿Cómo Dios
se va a aburrir, allá arriba, en su palco?

A palo seco, 2007

REGALO DE AMANTE

Puede que el alma exista. Yo la he visto
con tantas formas que el caso sería
decidir cuál es la más ajustada.
La he visto en Harlem, en un gran partido
de básquet que enfrentaba pacíficamente
a blancos y negros. La he visto
una tarde de lluvia en el desierto
del Hadramaut, en el Yemen,
arrastrando un torrente repentino
una infrecuente alegría infantil
entre camellos, corderos y vacas.
La he visto en un ocaso caribeño
cárdeno el horizonte como la hora violeta de Eliot.
En la imaginería italiana
llena de divinidades terrestres.
En la luna imantada de Marruecos
diosa y alacrán.
En un pase de pecho de Morante
en el que el tiempo dijo ¡basta!
En cuatro continentes, la he visto desnudarse,
símbolo de los símbolos o síntesis del caos.
Y en Mari Luz cuando, de pronto,
decide que otra vez su boca
quiere cumplir veinte años y un día.

A palo seco, 2007

Porque Rosales hablaba así, sentenciando,
con obuses de oro en la lengua,
dejándole al silencio su parcela fecunda
porque fertilizara su palabra.
Hablaba con prosopopeyas doctas
y una imaginación
muy por encima de sus prejuicios
si la belleza estaba en juego.
Hablaba con el rostro convencido
de que era real cuanto decía
sin que existiera traición alguna
a lo expresado antes, solo un minuto antes,
lo cual justificaba en Nueva York,
la excepción vertical de la regla.
Así como si Lorca no tuviera papel
hasta la última página del libro
Nueva York después de muerto. Empecemos
por Manhattan, por *Manhattan Transfer*,
John Roderigo Dos Passos, nieto de un portugués,
que hizo protagonista a la ciudad,
no al héroe. Nueva York colectiva,
ese tropel como viudo, solitario,
que sale de los grandes almacenes,
de los bancos y tiendas de la Quinta Avenida,
de los talleres y las fábricas,
sale para comer piafando,
entra en los comederos,

en los establos y se atraca
de comida basura, todos comunitarios,
también insolidarios en la misma medida,
hunos sobre el pesebre de los restaurantes,
en los mostradores y mesas, zurcidos por la prisa,
el ingeniero y el ascensorista, el botones,
la secretaria, el jefe de sección,
el multimillonario que fue vendedor y conserva
su hábito de esforzado, dando ejemplo,
y en el tumulto un poeta, un artista,
alguien que no comprende,
que no quiere subir a las estrellas
dueño de un rascacielos, que
solo aspira a vagar por el asfalto
y envidia a los mendigos intermitentemente.
Antes de muerto, después de muerto, muertos
que al filo de la noche se amontonan
en los tranvías, en los autobuses,
en los trenes, desde la Gran Central,
apilados como las reses en corrales,
como las reses a la orilla negra del tren
en Colorado, en Arizona, en California, en Utah,
hasta que llega la locomotora
como una gran catástrofe, como un tornado
con ruedas, para alejarse otra vez
con su carga mimética y cansada.

No solo eso, claro, hay parques, hay jardines,
cines, teatros, grandes bares rotantes
que entre los rascacielos muestran
la gran ciudad sin que haya que moverse
del asiento, a la redonda
como un ojo de pez,
como un escaparate circular
en el que caben Brooklyn, toda
la Gran Manzana, el Bronx, la Estatua
de la Libertad, el Hudson regateando
escollos de cemento y manchas de petróleo,
Harlem esmorecido, los Claustros,
su rapiña antológica, Central Park,
la trompeta de Armstrong
dándole su mugabe, su brujo de la tribu
a cada edificio encantado
agujereado de noche,
la noche agujereada de luces sedentarias,
la epilepsia lumínica de Broadway,
el bramido del tráfico,
la falda, en fin, sublevada de Marilyn,
poetas, anarquistas,
predicadores, músicos, limusinas cetáceas,
gente llena de flores
en Greenwich Village, el Metropolitan...

Y un belén en Granada
frente al que reza un niño temeroso.

Nueva York después de muerto, 2013

Ya reza por un muerto empedernido,
por un muerto de siempre, pues su carga
de asombro no es posible traerla
sino desde otra vida, a la que retornó
después de conversar con los iconos de esta
en Washington Square, en la Avenida Lexington.
Y reza con la ayuda de la sombra
insurgente del gran poeta muerto
y brotando, no obstante, en cada esquina
de toda la ciudad,
no por la relevancia de las leyes suntuarias,
por el peligro de lecturas perversas
o por la corrupción que conllevan las artes
según la mayoría de norteamericanos,
reza por esa luz a la cual amenazan
el escondido espectro de los Ignorantinos,
el fantasma siniestro del Ku Klux Klan,
la niebla de la logia de los Antiguos Tipos...
El niño sufre en sí
la Gran Guerra Europea, la presencia
creciente del nazismo, su militancia familiar
en la Falange, y mirando el establo
del portal de Belén
el origen más firme y peligroso
de la cultura norteamericana:
su tendencia a la guerra fuera de su Nación
salvadora del mundo, la reserva mental

con relación a Europa,
los anatemas contra los heréticos
y los perturbadores de la paz,
la fe repleta de que existe el diablo,
la oposición cerval a las ideas nuevas
y un agresivo miedo al anarquismo.
Ve que el americano, urbanita o granjero,
el fetén, el cabal, el inequívoco,
tiene opiniones inmutables,
sabe apilar dinero, pero, horror,
su cultura supera por un palmo
la de los animales del belén que mira.
Su magín no concibe una abstracción.
Y es un gran patriota aun cuando se burla
del Fisco mientras besa la bandera.
Todo lo sabe, y ve, al ver al Niño-Dios
y al oír al poeta asesinado unos años después
agitando los brazos y pidiendo socorro
como un goya postrero.

Nueva York después de muerto, 2013

Aquella metafísica que se hace sensible,
esa que incluye el mar y viaja entre astros
y se acopla en sus leyes a los ritmos del sueño,
la invisibilidad a que invita una mano
e irrumpe como prueba de la divinidad del hombre,
aquella que es Beethoven cuando es mediadora
entre sentidos y alma, la que es sombra de Dios
si Bach la determina, mapa de las ciudades
más hermosas y guía del rumor orillado
si Albéniz la bautiza y Chaikovski la hace
sangre de alumbramiento, la que es oleada
de espíritu y no son de organillo,
tampoco era virtud de norteamericano.
Yo he visto amanecer de noche con Chopin
y el habla del demonio compendiada por Wagner
la he entendido ese instante
en que el silencio canta, yo he sentido
que Mozart me orientaba las dudas más indemnes
hacia la claridad y me embebía Mahler
como un mar desquiciado pero nunca más puro.
No es Copland, no es Riegger, no es Bernstein,
ni son Barras y Estrellas ni Oh, Susanna, Susanna,
ni América la Hermosa, ese edén de pastores,
ni son escolanías, ni son bandas marciales,
Foster para mineros, Souza para marines,
ni el mecánico etcétera de filmes pergeñados
para que la tenacidad sea tributo en honra,

espejo de la patria inquebrantable,
ni la rueda que salta, ni el carro que amortiza
la rudeza de horas en el campo o la mina,
el canoro entusiasmo regional con su caspa,
la pareja que baila alegremente oscura,
el muelle para el circo del claqué,
el que vive copiando, el que no traza puentes
enlazando realidad y sueño,
quien no renueva el tránsito en que vivir consiste...
Hasta que llega un negro, un mestizo, un perdido
para la causa, hasta que la Nación
pierde el color unívoco, resplandece
con la horrible noticia para los genuinos
de que está abierta la puerta del Cielo.

Nueva York después de muerto, 2013

Tenemos que hablar, tenemos que hablar,
seriamente, muy seriamente.
Y eso después de haber hablado un día
entero, una noche, una madrugada
del condenado conde de Salinas
y de su tesis siempre inacabable,
de los amores reales de don Juan de Tassis,
del barroco como moral
del individuo que desplaza la ética
heroica del Imperio,
la fe, la fidelidad, la eficacia
arrinconadas por la renuncia, el ascetismo,
la mesura (frente a una actitud
creadora y esperanzada,
la derrotada y conformista), tras
haber hablado de la canción gnómica,
la poesía pura tránsfuga
como por un callejón sin salida,
a tientas, dando tumbos, o de la poesía
total que enhebra los géneros todos,
tenemos que hablar seriamente,
muy seriamente, conste,
del color de los sueños,
del simbolismo que asocia realidades
extrañas a través de sus imágenes
centelleantes, mánticas,
del surrealismo manando

del subconsciente como brota
del petróleo la energía,
de Juan Ramón y su daga precisa caprichosa,
de los Machado como dos orillas
del río de la guerra, de los yanquis,
esa flecha clavada, real,
sangrante, chorreando todavía
en el viejo corazón falangista,
de la cátedra que soñó
sin besarla como Antonio Machado
a la cursi Guiomar, de
la cauterizadora herida de Vallejo,
del Guillén cartesiano tembloroso
casineando con Pedro Salinas,
de la primogenitura de Bécquer,
del reumatismo estético de don Pío Baroja,
del gran poeta adjunto que es Gerardo Diego,
del bardo de fogueo que era Gabriel Celaya,
del jazmín sin olor del Grupo Garcilaso,
de la ironía arrecida de Borges,
de la botella encamada de Onetti,
del retén de corbatas y cordones
que el Conserje Mayor de la Academia
tiene para ocultar los olvidos de Claudio,
de Félix Grande y de sus larguiruchos
éxitos refrendados después en su apellido,

de Paca, cirineo de su padre
republicano condenado a muerte,
hincada de rodillas ante la hija sonriente y sorda
de Franco, pidiendo perdón a Judas,
y de mil cosas más, ya amaneciendo,
ya poniéndonos falta el jefe
del trabajo, ya por las escaleras
de Altamirano 34 o Vallehermoso 26,
a pie de taxi o autobús, Rosales,
Luis Rosales Camacho advirtiendo, citando,
recordando, gritando desde
la puerta de su casa encendida
que tenemos que hablar, tenemos
que hablar, conste, porque la palabra
refresca más que la lluvia, más
que el agua más fría, más aún
que el hielo, y la mente
se rehabilita como el pasado
cuando empieza a fluir la memoria
que es la palabra del alma.

Como el futuro la próxima vez
en que va a hablar Rosales
avaramente generoso.

Nueva York después de muerto, 2013

La vida tiene una respuesta de tierra;
de tierra y de libros bipolares. Cuando
se le agrupó la sangre y bloqueó una esquina
del cerebro; cuando perdió su voluntad
de río y se nubló la vista,
la creación sufrió el desmayo que sufre el agua
en el estío y la sombra
fue el escondrijo de la muerte
e impuso su lenguaje de silencio.
Más tarde me contó con palabras que goteaban
una mezcla de humor y desaliento
cómo estando en Venezuela leyó que Fulanito
pasó a la indiferencia. Lo leyó
en una esquela, y que lo que se llama muerte
es la congelación del sufrimiento, que
había muerto muchas veces, de hecho
la muerte lo acosó con Federico
y con Joaquín Amigo, su maestro de astros
y lejanías,
que se muere del corazón o del alma,
y si desaparecen los problemas
y las enfermedades
y la escasez y el dardo envenenado
de los celos cuando se ralentiza
el corazón, en la herida del alma
perdura un arañazo de incunable tristeza
como aquel día craso de difuntos,

como en aquella ejecución sin pólvora
cuando los funcionarios de la Junta
se llevaron los libros:
cada uno cayendo en las cajas
fue un amortajamiento; el chasquido
del celo cerrándolas, una sangrienta autopsia,
y al alejarse el camión con su vida
embalada, vio de cara el infierno.
Todas
las baldas vacías como su cabeza confusa,
todo su aprendizaje, sus muletas,
su reclinatorio, su musculatura
camino de los sótanos consejeriales
como toda una vida se agacha
en la estrechez de un columbario.
El chasquido de las cajas cerrándose,
sus libros herramientas de sueños...
Qué le podía importar que hubiera muerto
hacía poco, un año apenas,
quien entregó a Federico, pobre hombre,
él no pedía tanto... Sus libros
como si lo exiliaran retrospectivamente
camino hacia Sevilla, así que qué
le podrían decir ahora sobre la muerte.

Mi sepultura está en un almacén
esquizofrénico, pues devuelve mi voz
como si fuera un eco acusatorio,
me dijo con los ojos, sin palabras.
Y no lloró como si ciertamente
estuviera ya muerto.

Nueva York después de muerto, 2013

Cuando llegué al hospital Puerta de Hierro
en las espuelas de la madrugada
estaba jadeando y con los ojos
cerrados. Su hermana Esperanza
rezaba el rosario, doncella
ya para siempre niña
entregada a su fe. Luis Cristóbal
agitaba un pañuelo de silencio,
de memoria en adiós, de hijo anochecido.
No habían llegado todavía
ni Alfonso Moreno, ni Jaime
Delgado, ni Macuca, ni Acquaroni...
Juan Antonio Ceballos le cogía
la mano con ternura de amigo
que alentara a un padre. Tenía
los párpados arriados
de la muerte aunque debió de oírle:
«Mira, mira, quién ha venido a verte,
tu niño querido...». Y a continuación,
como si reparara una injusticia,
... «por más que tú has tenido
otros niños queridos...». Y añadió
bisbiseando, con cautela... «Y niñas».
Abrió un ojo sonriente, como
quien no quiere tratos con el luto.

Y al volver a cerrarlo presentimos,
unificados por la voz del alma,
que algo acababa de estrenarse
arriba, en las estrellas.

Nueva York después de muerto, 2013

BIOGRAFÍA

Su padre murió repentinamente.
Su hermano repentinamente.
Su madre repentinamente.
Tres de sus seis sobrinos repentinamente.
Conduciendo un coche.
En el hundimiento de su casa.
De un derrame interior.
En el baño. En un pozo.
Colgando de un árbol.
Todos en un pueblo del sur.
Ha sufrido tanto que tiene el corazón mellizo.
Por eso ha sobrevivido.
Por eso lo que escribe no es letra muerta.

Viento variable, 2016

HÉCATE

Cómo la luna puede cambiar
de forma. A veces —raras veces— nos visita
y o bien nos da la plenitud
o bien desencadena la tormenta
en el cerebro y en el corazón.
Brilla con los encantamientos y los conjuros
como instrumento de los dioses que es
a la hora de tentarnos sin remedio.
Por ella, devoradora de hombres
melancólicos, vendemos el alma
solo porque nos muestre, nos enseñe,
el reino de las musas caprichosas.
Y aquí nos tiene condenados
esperando su llave
como el niño el juguete.

Viento variable, 2016

NOSTALGIA

Se llamaba Pozo el jardinero
del parque de mi pueblo. Tenía
una gran vara para asustarnos
porque le robábamos los peces
de colores de la fuente: un
sombrero de palma bocarriba,
unas migas de pan sobre su hueco
y un estirón, cuando los peces
se sentían felices, y era nuestra
la pesca.
Quizás fue
lo primero que robé y de lo
único que no me arrepiento.
Su figura aún es un pedazo
de mi infancia que está vivo,
que aún late. Se llamaba Pozo
y sigue siendo el humo
de mi chimenea, el latido
de mi corazón asistente
de nubes, de sueños...
Juez y parte de mi niñez,
es rayo de luz honda
—como su nombre, Pozo—
cuando llovizna tembloroso el tiempo.

Viento variable, 2016

PARAÍSOS PERENNES

Rayos de luz del Paraíso caídos en mi infierno...
Víctor Hugo

Cuando me quedo solo pienso
que mis paraísos imperdibles son
mi madre repartiendo la merienda;
mi padre regresando por la noche
del trabajo con su achacoso taxi;
mi hermano Marcelino alzado a hombros
por una multitud tras un partido
en que el Arcense goleó al Xerez;
el día en que besé por vez primera
a la hija del teniente de mi pueblo;
los otros en que nacieron mis hijos
y mi nieto Manuel, luz de diciembre
y de enero —más rey que el Niño Dios
y mucho más que los Reyes de Oriente—
cuando vienen a vernos desde el Sur
su padre y Violeta y de infantiles
que somos sus abuelos, él es el menos niño;
don Manuel, el maestro que me enseñó a leer,
y don Juan, el maestro que me enseñó a soñar
leyéndome Platero y Don Quijote;
el verbo de Rosales, sus silencios didácticos;
un mano a mano de luz con Alberti
y otro con Jorge Luis el memorioso;
siempre, siempre, siempre que volví a Arcos

y se llenaron mis ojos de lágrimas
o de emoción enmascarada;
los amigos que habitan lo que escribo
sobre ellos porque así me multiplican;
la luna familiar cuando está navideña
sobre el castillo, sobre el Guadalete,
el amor a unas calles que prospera...
Por ejemplo. Y otras eternidades
que, dormidas, despiertan y se abrazan conmigo.

Viento variable, 2016

TRISTEZA

Recuerdo que bajé las escaleras
de Montmartre cogido de su mano,
que crucé por el Río de la Plata
ceñido a su cintura,
que paseé todo el puente de Brooklyn
con mi brazo en su hombro,
que en esos lugares la amé
colmado, gestatorio, originante.

Que en el pajar hallé la aguja
que ahora se me clava.

Viento variable, 2016

EL MES MÁS CRUEL

T. S. Eliot

Por lo pronto mostrar la primavera,
ya llegará diciembre con su nieve.
Ya el corazón se llamará distancia,
ya el pájaro será buitre viejo
como el rebelde se hizo prestamista.
Y empezaremos a llorar los dos
como si treinta ojos nos sirvieran
para evacuar la decepción de abril.
Lo primero, abocetar la escena,
hacer latir el color en la imagen:
aquel banco, aquel puente, aquella risa...
Ya la caricatura hará su agosto.

Viento variable, 2016

EL ROSTRO IMPENETRABLE

Søren Kierkegaard

A ver qué hace un hombre solo
frente a una montaña de hierro,
qué un hombre solo frente a un mar de plomo,
un hombre frente a un cielo sin estrellas ni luna.
Qué otra cosa diferente
a mirar con estupor
podría hacer si pretendió algún día
enfrentarse a los grandes poderes
económicos, a la magia espuria
de la técnica, a la derrota por KO
de la ética a manos
del acomodo social, a la
deshumanización.
Qué su insignificancia
ante los nuevos dioses
más opacos que Dios.
Ir de la mano de su desventura
buscando las mentiras salvadoras
de su infancia lejana,
rezar al clavo ardiendo.

Viento variable, 2016

AÑOS DE PENITENCIA AL FIN Y AL CABO

Hasta que tuve cuarenta años
decían de mí que era puro.
Me miro al espejo ahora
y sigo creyendo en la mentira.
Soy puro solo cuando me apasiono.
Es cuestión de saber multiplicar.
Adentrarse en lo prohibido
es ir allende el conocimiento
de lo dado a los ojos. Se siente
en este caso
solo a veinte por hora, mientras
que la locura es marcha, mucha
marcha si la gracia la guía
hacia el secreto. Hay
que pagar ese precio, es obvio. Todo
conocimiento nuevo es quemadura
pero en la llama esplende lo escondido,
hace señas lo oscuro, se proclama,
aunque dure un instante nos ha modificado,
no es tiempo de acuartelada existencia.
Son cosas que uno dice, que se dice.
Cosas que tienen patria en el olvido,
su saco avaro de tiempo sin fondo.
El corazón fijó la astrología
y seguimos creyendo en sus presagios
aunque es de noche sin luna y sin estrellas.

Tan solo el corazón, sus campanadas,
sus boqueadas tal vez.

Viento variable, 2016

COSA DE BRUJERÍA

Juan de Yepes

Un ciego podrá atrapar a una liebre
e incluso a una golondrina. Un ciego,
si posa en otros labios su alma,
llegará a creer que no es ciego
ni que es desdichado. Un ciego
no tiene miedo de sí mismo, como
quien ve, porque ya ha visto la muerte.
Eso decía el hombre de la túnica
porque mayor es el peligro
si más grande es el temor. Era
cuestión de verlo temblar sólo
frente a las azucenas, no los guardias.
Era cuestión de verlo predicar
como aquel que no teme hacerlo
en el desierto, convencido de
que lo oirá un espejismo al menos. Era
un otoño sin lluvia, con nubes
transparentes y yo estaba en el parque
sintiéndome poeta como bruja la luna
entrometida en el placer
unifi cado de unos novios.
Y lo viví investido de milagro
recordando a una amiga que murió
y solía contarme que, aun siendo torpe de habla,
se presentó a un concurso de oratoria.

(Lo ganó, por supuesto. Lo curioso
de los milagros, según Wilde,
es que, a veces, suceden). Y desde entonces
creyó que los que sueñan, como el ciego,
suman poderes mágicos como la luna es súcuba.
(Igual que cuando yo era joven y ciego).
La observación extasiada del corazón
lo despega del mundo hacia la Altura.

Viento variable, 2016

MEMORIA ROMANA

Ahora le llaman padre
de la patria andaluza
y, sin embargo, durante muchos años
era tan solo un nombre y unos apellidos
apenas rotulados
en el cementerio de mi ciudad.
Dicen que su riqueza fue,
más que otros títulos circunstanciales,
ser amigo lejano de Carducci,
el gran poeta de las Odas bárbaras
y las Rimas y ritmos, carbonario
toscano y cátedro de Elocuencia
en Bolonia.
                    Julio César Guarino,
Susana Manacorda y Patricia Botta
me han hablado en la luz de la Sapienza
de hermanar con mi pueblo
su pueblo azul de la Toscana
e irnos con Fanny Rubio a Loja, donde la insurrección
tenía a Rafael Pérez del Álamo
como al caudillo
de la sabiduría. No importa
—a su decir— que todo se quedara
en un intento de orientar el trigo
hasta la mesa de los pobres
y llevar la cultura a los que viven

por sus manos. Ir a Loja y
seguir sus huellas y frente a su tumba
leer el *Himno a Satanás,* dios
de los desheredados, convocar
al compás y la escuadra, unir
a obreros y burgueses
en la fraternidad del universo. Todo
meraviglioso hasta acabado el vino
en nuestra mesa, en nuestro ánimo,
a libertad, la ilustración,
los infantiles versos de Carducci
al diablo. Y la evidencia
de que el padre andaluz murió en su cama
una vez perdonado por el absolutismo,
de que los jornaleros y artesanos
pagaron con su sangre...
De que pasó lo de siempre.

Viento variable, 2016

LA MÚSICA

La música, poeta.
Es la que paga todas
nuestras deudas, las adquiridas
y las que puedan venir.

Que no cojee la luz.

Viento variable, 2016

ERRANTES

¿Y esta gente...?
(Camarón, Miriam Makeba,
Duke Ellington, Yupanqui,
Bebo Valdés, Umm Kalzum...).
¿Adónde irá tan desnuda?

Viento variable, 2016

REENCARNACIÓN

Ronda con Claudio

Sencillo, campechano, casi humano
gorrión que confiado andas cerca
de mí, dando vueltas y vueltas
alrededor del banco en que me siento,
tienes, traes, como un mensaje, como
un recado de un viejo amigo mío
ya en otro mundo pero que aparece
en este, de pronto, otra vez
a lo suyo: sugerir con su canto
misterioso, con su piar
tempranero de fresco amanecer,
que algo queda pendiente y que un buen día,
de la manera más humilde
y milagrosa, lo quiere solventar
con este abrazo de luz y de música,
con este abrazo fraterno que puede
ser también mucho más que esperanza.

Viento variable, 2016

EL MAESTRO

No era mi maestro
sino el maestro.
El maestro de todos para todos,
el que enseñaba a establecerse
en las cosas que más sonreían.
Han pasado los años y sigue
siendo lo que fue y enseñó
en su casa encendida, aún nos dicta
que las ofensas las frena el sosiego,
que el gran dolor de un día
ni es el mayor ni el último,
que el tiempo castiga tarde, mas castiga
y nosotros no somos ni verdugos ni jueces.
Esas cosas decía
y si hago memoria de aquel tiempo
veo volar un pájaro dentro de mi cabeza
y se me alivia el corazón
de las enfermedades que enumero:
la crueldad, el rencor, el odio...
Se llamaba Luis y nunca
se equivocó sino en Granada,
en lo que más quería.

Viento variable, 2016

APARICIÓN DEL ARTE

No fue la curiosidad
la que nos hizo perder el paraíso,
no fue en Eva sus colinas
ardientes, la gruta
inexplorada, ni el cepo
de los labios. Fue
su baile, la imprevisible
agitación de sus muslos,
la súbita turbulencia acompasada
por dentro de sí que le hizo
mirar al cielo, extender los brazos,
danzar, quebrarse, salirse
de la costilla como un volcán
de su seno y demostrarle
al Dios todopoderoso
que el arte había nacido
justo en el octavo día,
cuando él continuaba descansando.
Y desde entonces existe el infinito.

Viento variable, 2016

EN LA MISMA PIEDRA

Como las olas del mar.
Siempre la misma canción...
Ya empiezo otra vez a amar, a amar
como si no fuera digno de perdón.

Viento variable, 2016

SIN REMEDIO

Aunque insista en dudarlo,
aunque yo insista en eso,
me miró de tal forma
que me besó para siempre.

Viento variable, 2016

A TU BALCÓN

Siento, luego insisto.

Cuando todo sea definitivo,
¿habrá un lugar para la Poesía?
¿Se habrá salvado un ala de Carducci, de Hölderlin, de Heine, de Rilke?
¿Sobrevolará el crepúsculo Bécquer?
¿No me harás señas tú?
Pero hoy vuelven
eternamente
las golondrinas.

Viento variable, 2016

Voy a contarles mi vida.
Voy a llamar al pan, pan.
Y vino a la poesía.

Viento variable, 2016

BIBLIOGRAFÍA POÉTICA

- *El mar es una tarde con campanas.* Adonais, 1965.
- *Oveja negra.* Biblioteca Nueva, 1969.
- *Donde da la luz.* Melibea, 1978.
- *Metaory.* Helios, 1979.
- *Homo loquens.* Endymión, 1981. Reedición: Ed. Cultura Hispánica, Instituto de Cooperación Iberoamericano, 1987.
- *Diezmo de madrugada.* Diputación Provincial de Soria, 1982.
- *Con tres heridas yo.* Endymión, 1983.
- *Compás errante.* Orígenes, 1985.
- *Indumentaria.* El Observatorio, 1986.
- *Campo lunario.* Colección Torremanrique, 1988.
- *Lente de agua.* Visor, 1990.
- *Sagrada forma.* Visor, 1994. Reedición: Ed. Océano, México, 1998.
- *Habitación en Arcos.* Libertarias Prodhufi, 1997.
- *El mundo entero.* Renacimiento, 2000. Reedición: U.P. José Hierro, 2007.
- *A palo seco.* RD Editores, 2007.
- *Nueva York después de muerto.* Calambur, 2013.
- *Viento variable.* Calambur, 2016.

Arcos de la Frontera, Cádiz, 1943 – Cádiz, 2024

Antonio Hernández Ramírez es uno de los grandes nombres de la poesía española contemporánea, un autor cuya trayectoria abarcó más de cinco décadas de creación constante. A través de la poesía, la novela y el ensayo, trazó un itinerario literario de excepcional coherencia.

Su obra, rigurosa y profundamente humana, ha sido traducida al árabe, catalán, portugués, francés e italiano.

Su poesía, heredera de la tradición andaluza y abierta a influencias universales, es al mismo tiempo canto y conciencia. Publicó diecisiete poemarios, entre los que destacan *El mundo entero* —Premio Rafael Alberti, 2000—, *Viento variable*, *Sagrada forma* —Premio Nacional de la Crítica, 1994, y Premio Gil de Biedma, 1994— y *Nueva York después de muerto* —Premio Nacional de Poesía, 2014, y Premio Nacional de la Crítica, 2013—. También fue condecorado con el Premio de las Letras Andaluzas (2012), la Medalla de Oro de Andalucía (2014), Premio Miguel Hernández (1982), Gran Premio del Centenario del Círculo de Bellas Artes (1980)...

Su novela *Sangrefría* obtuvo el Premio Andalucía de Novela en 1994. En 1996, con *Raigosa ha muerto. ¡Viva el Rey!*, recibió el Premio Valencia de Literatura Alfons el Magnànim. En 2016 obtuvo el Premio Internacional de Novela Ciudad de Torremolinos con *El tesoro de Juan Morales (Carpe Noctem)*.

En 2020, en reconocimiento a su trayectoria, obtuvo el Premio Nacional de las Letras Teresa de Ávila y, en 2023, la Federación de Ateneos de Andalucía lo nombró Ateneísta de Honor.

No menos destacada fue su labor como ensayista y pensador. Con una voz clara, apasionada y a menudo incómoda para los poderes establecidos, defendió siempre la dignidad de la poesía y el papel esencial de la cultura como herramienta de resistencia y transformación. Su discurso se mantuvo fiel a una ética del lenguaje y del pensamiento que impregnó cada uno de sus libros.

Antonio Hernández falleció en Cádiz el 7 de septiembre de 2024, dejando una obra esencial y una huella imborrable en su generación.

ÍNDICE

YA LO DIJO CASIMIRO PARKER edita
ANTONIO HERNÁNDEZ escribe
ÓSCAR MARTÍN CENTENO antologa
ARES CASADO coordina
GUADALUPE GRANDE fotografía
OLGA ALBERT corrige
isbn **979-13-87766-20-7**
dep. legal **M-18838-2025**
septiembre 2025
112 páginas

Esta obra ha sido promovida por el Ayuntamiento de San Sebastián de los Reyes mediante su Centro de Estudios de la Poesía.

Voy a contarles mi vida

ANTOLOGÍA POÉTICA

Antonio Hernández

Este libro se terminó de
imprimir en septiembre de 2025,
abrazando a la poesía de nuestro
querido Antonio Hernández.